LE DROIT CRIMINEL

ET

LA RÉFORME PÉNITENTIAIRE

EN SUÈDE

Par M. Charles LUCAS

MEMBRE DE L'INSTITUT DE FRANCE

ET DU CONSEIL SUPÉRIEUR DES PRISONS, ETC.

PARIS

—

1880

RAPPORT VERBAL

DE M. CHARLES LUCAS

SUR LA SUÈDE, SES PROGRÈS SOCIAUX ET SES INSTITUTIONS PÉNITENTIAIRES

PAR M. ALMQUIST,

Directeur général et chef de l'administration des prisons de ce royaume.

———··œ··———

SÉANCE DU 29 MARS 1879.

———

L'ouvrage sur *la Suède, ses progrès sociaux et ses institutions péniten-*
tiaires dont j'ai l'honneur de faire hommage à l'Académie au nom de
M. Almquist, directeur général et chef de l'administration pénitentiaire,
me paraît digne d'appeler son attention assez prolongée, en raison de
l'importance des faits et des renseignements qu'il présente et de la confiance que doit inspirer la source officielle où ils ont été puisés. Plusieurs
considérations ont suggéré à M. Almquist la pensée de la publication de
ce livre. Située à l'extrême nord de l'Europe et séparée par la mer des
grandes nations civilisées, la Suède, jusqu'à ces derniers temps, a été
peu visitée et surtout peu étudiée par les étrangers, qui ne sont guère
initiés à son organisation intérieure. Le récent congrès international
pénitentiaire de Stockholm y a sans doute attiré un grand nombre de
savants et philanthropes venus de tous les pays de l'Europe ; mais leur
séjour en Suède a été trop court pour leur permettre d'en connaître les
institutions sociales et pénitentiaires. M. Almquist a pensé qu'ils accueilleraient avec quelque intérêt son exposé succinct de la Suède, de ses
progrès et de son état actuel.

I

La civilisation de la Suède et son état actuel. — L'auteur trace d'abord
la description générale du pays, sous le rapport de la topographie, du
climat, de la population, de la division géographique et administrative,
de la langue et du caractère national. La Suède est séparée de la Norvége, avec laquelle elle forme la péninsule Scandinave, par les Alpes

norvégiennes, qui servent de limite à ces deux pays, depuis l'extrême frontière du Nord jusqu'à la Dalécarlie. Cette péninsule Scandinave mesure une superficie de près de 760,000 kilomètres carrés et c'est ainsi que la Suède et la Norvége réunies, quoique indépendantes l'une de l'autre, sous le sceptre du même roi, présentent, après la Russie, le plus vaste Etat de l'Europe. Mais l'importance de la population ne répond pas à l'étendue du territoire. En 1877, la population de la Suède était de 4.484.542 habitants dont 654.354 appartiennent aux 90 villes et 3.830.188 à la campagne.

Depuis 1750, époque à laquelle la statistique de la population en Suède présente de la régularité, on peut y suivre la progression de la population pendant le cours de ces 127 années. Au point de départ elle n'était que de 1.763.338 hab. La progression annuelle, qui a été environ de 1 °/₀ est plus accentuée dans les villes que dans les campagnes, quoique la Suède ne possède guère de grandes villes et de centres industriels importants. Ce n'est pas du reste, selon moi, un fait moralement regrettable, car les agglomérations excessives que présente la population urbaine dans plusieurs cités de quelques Etats de l'Europe, ne me semblent guère favorables au développement de leur moralité et la statistique de l'administration de la justice criminelle est là pour justifier cette opinion. Stockholm, la capitale de la Suède, compte 165.677 habitants et la ville la plus populeuse après Stockholm, Gothembourg, n'en a que 71.707.

Comme densité, la population de la campagne présente des différences considérables. Ainsi, tandis qu'elle s'élève à 71 habitants par kilomètre carré dans le gouvernement méridional (Malmôhus), elle descend pour le plus septentrional (Norrbottmé) à 0, 8 habitants par kilomètre carré.

Quant au nombre des mariages, un fait regrettable, c'est qu'il paraît plutôt décroître qu'augmenter. L'auteur croit l'expliquer par l'accroissement des exigences de la vie et des dépenses qu'entraîne l'entretien d'une famille.

Pendant la période quinquennale de 1871-1875, la moyenne annuelle des naissances a été de 131.033, dont 10 °/₀ étaient illégitimes et ce nombre s'est élevé dans les villes à 22 °/₀. Comme circonstance atténuante, 10 °/₀ de ces enfants naturels sont immédiatement légitimés après leur naissance par le mariage des parents.

La proportion de la mortalité n'a été pendant la période quinquennale de 1872-1876 que de 1.87 °/₀ plus élevée dans les villes que dans les campagnes.

La langue Suédoise, parlée en Suède et en Norvége par près de 5 millions d'habitants, ne l'est au dehors que dans une partie de la Finlande et dans les îles de l'Estonie appartenant à la Russie. M. Almquist ne nous semble pas avoir suffisamment indiqué que l'ignorance de la langue suédoise à l'étranger a été l'une des principales causes qui ont empêché l'Europe de suivre le développement graduel de la civilisation Suédoise, d'en constater les résultats et d'en apprécier les progrès. La Suède a parfaitement compris qu'elle avait besoin de recourir à la culture des langues étrangères, et c'est à la langue française qu'elle a donné la préférence en s'efforçant d'en répandre l'enseignement au dedans et l'usage au dehors.

C'est donc avec un sentiment de patriotique gratitude que nous devons favoriser en France la propagation de tout ce qui peut initier l'Europe au mouvement progressif de la civilisation suédoise et un savant membre de l'Académie, l'auteur de l'*Histoire des États Scandinaves*, a pris à cet égard une initiative qui l'honore.

Un célèbre auteur national a dit du peuple suédois que c'était à la fois une nation lente et cependant pleine de vivacités subites, et elle se montre surtout profondément pénétrée du sentiment du juste et accessible aux idées généreuses.

·Les paysans suédois, qui possèdent la majeure partie des terres, ont joui d'une grande importance politique depuis des temps immémoriaux. C'était le paysan libre qui, dans les tings ou assemblées générales, délibérait, décrétait et appliquait les lois avec le *Drott* ou grand administrateur, et plus tard avec le Lagman ou grand-juge. Ils ont toujours su conserver aussi bien leur indépendance que leur influence sur les destinées du pays. Dans la représentation nationale actuelle, cette classe sociale occupe une place considérable, et elle a indubitablement contribué, dit l'auteur, par ses tendances essentiellement conservatrices, à épargner à la Suède les mouvements intérieurs qui ont troublé la paix d'autres pays.

Je ne saurais suivre dans ce rapport verbal les renseignements que donne l'auteur sur la constitution intérieure de la Suède, ses assemblées représentatives, ses lois fondamentales et son organisation judiciaire.

L'auteur passe ensuite aux institutions pénitentiaires de la Suède. C'est là évidemment le but principal de son livre, et mieux valait-il peut-être en faire l'objet de son titre, en ne présentant que sous celui d'introduction historique tous les utiles et intéressants renseignements qu'on lui doit sur le développement progressif de la civilisation en Suède et son état actuel.

II

Importance du développement des institutions pénitentiaires en Suède. — Quand on étudie parmi les grand États, les États moyens et les petits États de l'Europe, quel a été le mouvement progressif des deux réformes du droit criminel et du régime des prisons, dans l'ordre des idées et dans celui des faits, ou en d'autres termes au double point de vue de la théorie et de l'application, on peut s'apercevoir qu'il s'y produit quelque différence.

Dans l'ordre des idées, c'est assez généralement aux grands États que revient la primauté ; et cela se conçoit, parce que les idées jaillissent du travail individuel et du travail collectif, et que plus s'accroît le nombre des individualités dont les États se composent, plus s'élargit l'horizon ouvert à la recherche et à la découverte des idées nouvelles. Mais dans l'ordre des faits au contraire, c'est-à-dire quand il s'agit de passer de l'idée à l'application, les grands États sont ceux qui ont le moins la liberté de se mouvoir, en raison de l'agglomération de leur population et de l'étendue de leur territoire, et l'initiative de l'exécution pratique vient souvent, comme j'ai déjà eu plus d'une fois l'occasion de le signaler, des petits États et des États moyens, qui sont ainsi appelés à donner aux réformes civilisatrices l'autorité des précédents.

Les deux pays que dans l'ordre des faits ou de l'application pratique on paraît assez communément disposé à citer comme étant des plus avancés, la Belgique et la Suède, n'appartiennent pas aux grands États de l'Europe. Toutefois, dans l'ordre des idées, ils ne contestent pas à la France la primauté ; et c'est un correspondant suédois, le savant M. d'Olivecrona, qui, dans une communication insérée au compte-rendu des travaux de l'Académie, rappelait ces paroles prononcées à une récente séance de la Société générale des prisons par M. Stevens, inspecteur général des prisons de Belgique, et qui s'adressaient à la France : « Vous êtes nos maîtres en théorie. » M. Stevens, dit M. d'Olivecrona, aurait dû ajouter qu'une large part revenait aussi à la France dans l'application pratique.

On voit donc que M. Almquist avait raison d'assigner à ses institutions pénitentiaires une grande place dans l'état actuel de la civilisation de la Suède, puisqu'elle a acquis le droit de s'y montrer la rivale de la Belgique, et je crois qu'elle n'a rien à craindre de l'examen comparé, autant que j'en puisse juger du moins en me plaçant au point de vue de mes appréciations personnelles relatives à la réforme du droit criminel et à celle des prisons ou de la théorie de l'emprisonnement.

S'il est vrai, comme j'en ai la persévérante conviction, que la réforme du droit criminel et celle des prisons ne doivent pas se concevoir, se définir et se produire séparément, parce qu'elles sont appelées à se combiner, à s'unir et à se compléter l'une par l'autre ; s'il est vrai que l'abolition de la peine de mort doive être le couronnement de la réforme du droit criminel ; s'il est vrai que la théorie qui doit régir la réforme des prisons se compose de cinq parties concernant, à savoir: la première, les établissements spéciaux affectés aux jeunes détenus; la seconde, les établissements du degré préventif consacrés aux détenus avant jugement sous le régime de la séparation; la troisième, les établissements du degré répressif pour les petits délinquants sous le régime de l'emprisonnement individuel limité dans sa durée au maximum de neuf mois; la quatrième, les établissements répressifs et pénitentiaires pour les condamnés à long terme à partir du minimum de deux ans, avec le régime cellulaire de nuit et l'emploi de la cellule de jour et de nuit pour les besoins de la justice disciplinaire ; la cinquième enfin, les transfèrements cellulaires des détenus entre les divers établissements pour leurs destinations distinctes; il est certain que la Belgique et la Suède en s'assimilant en si grande partie ce cadre que j'ai tracé en 1836 comme celui de la théorie de l'emprisonnement, offrent à cet égard d'utiles résultats à recueillir par l'observation pratique.

Comme ce n'est pas ici de la Belgique, mais de la Suède que j'ai à m'occuper, je me bornerai à dire que le mérite de la priorité appartient à la Belgique, qui a de beaucoup dévancé la Suède dans la réforme du droit criminel et du régime des prisons. J'ajouterai qu'en droit criminel elle a préparé plus résolument l'abolition légale de la peine de mort, en y préludant avec une remarquable persévérance depuis plus de douze ans par l'abolition de fait. En ce qui concerne la réforme des prisons, il y a sans doute en Belgique bien des *desiderata*, et le généreux élan de l'esprit d'innovation n'a pas été exempt de témérité à l'égard du régime cellulaire. Mais par l'ensemble de ses établissements et l'habileté des hommes qui ont concouru à leur remarquable organisation, la Belgique mérite le rang distingué qu'elle occupe dans l'appréciation du développement progressif de la réforme des prisons en Europe.

III

La réforme du droit criminel. — J'arrive maintenant à la Suède. M. Almquist y fait remonter avec raison la réforme du droit criminel et celle du régime des prisons à 1840, date de la publication du livre du prince royal Oscar sur *les peines et les prisons,* qui voulait en propager l'idée avant d'être appelé comme roi à en réaliser l'exécution.

La Suède était encore livrée à cette époque aux pénalités barbares de son code criminel de 1734, qui n'avaient été atténuées dans leur application que par l'influence des mœurs et l'esprit humanitaire dont étaient animés les souverains de ce pays. Pour concevoir quel était l'état de la législation criminelle en Suède, il suffit de dire qu'on n'y abolit qu'en 1835 le supplice de la roue et qu'en 1841 l'exposition des cadavres des hommes suppliciés et la consommation sur le bûcher de ceux des femmes.

L'état déplorable des lois criminelles et des prisons était un malheur sans doute pour le passé; mais au contraire, pour le présent et l'avenir, c'était une circonstance favorable à l'esprit réformateur du prince Oscar; car le progrès humanitaire exigeait qu'on fît table rase pour l'établissement des deux réformes qui devaient donner à la Suède un nouveau Code de droit criminel et un régime nouveau des prisons conformes aux besoins moraux de la civilisation moderne. C'est à ce point de vue que se plaça résolûment le prince Oscar, et qu'il conçut la noble et généreuse mission, sous le rapport du droit criminel et des prisons, de faire passer son pays du degré le plus arriéré à celui le plus avancé de la civilisation européenne. Le prince Oscar ne pouvait dans son livre traiter la question des peines sans montrer parmi les diverses doctrines sur le fondement du droit de punir, celle à laquelle il adhérait. Son adhésion est évidemment acquise à la doctrine de la répression pénitentiaire dont les principes se trouvent développés dans mon *Système pénal et répressif* et rappelés dans ma communication à l'Académie du 15 décembre 1876, à l'occasion de l'école pénale italienne. Il est donc inutile de revenir ici sur ces principes d'après lesquels l'expiation, au point de vue de l'ordre moral, n'est pas le but de la justice humaine, qui n'a ni le devoir ni le moyen de l'atteindre. Elle n'est qu'une justice de conservation de l'ordre social appelée au nom du droit de légitime défense à protéger pour tous et pour chacun la sécurité publique et privée en mettant le coupable hors d'état de nuire, soit par une captivité perpétuelle si la criminalité de l'acte et la perversité persévérante de l'agent l'exigent ainsi, soit seulement par la captivité temporaire, si on peut espérer de prévenir la récidive par l'efficacité répressive et pénitentiaire de l'emprisonnement. Jamais je ne me suis senti plus affermi qu'en lisant le livre *Des peines et des prisons*, dans ma vieille et persévérante conviction sur le lien intime qui doit unir les deux réformes relatives à l'abolition de la peine de mort et au régime répressif et pénitentiaire, et dont le comte de Sellon avait eu l'ingénieuse idée de tracer l'expression symbolique sur la médaille du concours de Genève, en montrant la justice qui renvoyait d'une main, la mort armée de sa faulx et désignait de l'autre la maison péuitentiaire qui devait la remplacer.

Mais un nouveau Code pénal est une œuvre de longue haleine qui ne saurait s'improviser, et s'il ne fut pas réservé au prince Oscar de le promulguer, du moins il eut le mérite de préparer la voie à cette promulgation par des améliorations successives, introduites dans la législation criminelle de son pays.

En 1855, eut lieu la suppression de la peine du bâton et des verges; en 1855 et 1858, celle des peines infamantes.

L'abolition de la peine de mort fut successivement prononcée, en 1849, pour rébellion et sédition; en 1855, pour le vol dit infâme, dans un incendie; en 1858, pour fausse monnaie; et cette peine fut remplacée par celle des travaux forcés à perpétuité.

En 1859, mourut Oscar Ier; mais l'impulsion qu'il avait donnée à la réforme de la législation criminelle ne se ralentit pas, et, en 1864, fut promulgué le Code pénal qui abolissait définitivement les peines corporelles et les peines infamantes, et qui laissait aux juges non-seulement la latitude de l'application du minimum et du maximum de chaque peine, mais encore la faculté de descendre de la peine supérieure à la peine inférieure.

Ce Code n'alla pas jusqu'à réaliser l'abolition légale de la peine de mort dont le prince Oscar avait exprimé et si bien motivé le vœu; mais il ne prononça l'application absolue de cette peine que pour le seul cas d'un meurtre commis sans circonstances atténuantes par un condamné aux travaux forcés à perpétuité. Pour tous les autres crimes capitaux, il laisse aux juges l'option entre la peine de mort et les travaux forcés à perpétuité, en prescrivant la signature du souverain pour l'exécution de l'arrêt de mort.

IV

La réforme des prisons. — Je ne crois pas devoir m'étendre davantage sur la réforme du droit criminel en Suède. Quant à celle des prisons qui en fut le corollaire, elle s'inspira beaucoup comme la précédente, du livre du prince Oscar. Répudiant, comme le fit le Code pénal de 1864, les peines corporelles et les peines infamantes, ce livre consacrait la base fondamentale de notre théorie de l'emprisonnement, qui fait reposer l'échelle progressive et pénitentiaire sur le principe de la durée. Un trait caractéristique de la réforme des prisons en Suède, c'est qu'elle s'y combine avec celle du nouveau Code pénal dont elle vient réaliser l'exécution. Sous ce rapport, la Suède offre un exemple encore unique en Europe ; car dans aucun autre pays ne s'est produit avec le même ensemble, le développement pour ainsi dire parallèle de la législation criminelle et des institutions répressives et pénitentiaires.

C'est là le beau côté de l'œuvre réformatrice conseillée par le prince Oscar, mais qui sur d'autres points présentait des lacunes et des imperfections. Des cinq parties précitées dont se compose la théorie de l'emprisonnement, il en est deux et des plus importantes que ce livre avait complètement omises :

L'une est celle concernant les détenus passagers, qu'il faut transférer d'un établissement à un autre, selon la nature et les incidents même des crimes dont ils sont prévenus et des condamnations dont ils sont atteints. L'innovation du transfèrement en voiture cellulaire dont la France a donné le premier exemple, a été un grand service rendu à la réforme des prisons, qui se préoccupait depuis longtemps de la solution du difficile problème d'opérer ces transfèrements sans aucun mélange des sexes, des âges et des moralités, et cette innovation se recommande à l'imitation de tous les pays.

L'autre lacune est l'omission de recommander la création d'établissements spéciaux pour le régime répressif et pénitentiaire applicable aux jeunes détenus, omission d'autant plus regrettable que c'est là le besoin le plus essentiel et la meilleure espérance de la réforme pénitentiaire.

Le Code pénal de 1864 n'a malheureusement pas comblé cette lacune qui n'a été atténuée que par l'élan spontané de la bienfaisance publique et de la libéralité royale, auquel l'établissement privé de la colonie agricole de Hall a dû sa fondation à l'imitation de Mettray, et de la mémorable loi du 5 août 1850 sur la coexistence en France des établissements publics et privés. C'est ainsi que se produit l'initiative de la France pour la colonisation agricole et pénitentiaire des jeunes détenus et pour le transfèrement en voiture cellulaire des détenus de passage.

Le prince Oscar conseille à la fois à son pays l'emprisonnement séparé pour les détenus avant jugement, et le régime cellulaire pour les petits délinquants et les condamnés à long terme. La Suède a suivi avec raison son conseil pour les établissements affectés sous le nom de prisons départementales aux deux premières catégories précitées de détenus. Mais elle a sagement fait de préférer pour ses maisons centrales le régime cellulaire de nuit seulement au régime cellulaire absolu dont elle n'a admis qu'une application momentanée, comme je le dirai bientôt, à l'entrée des détenus aux maisons centrales.

Le prince Oscar écrivait à une époque où s'agitait avec tant de vivacité la controverse entre les deux systèmes représentés par les deux pénitenciers de Philadelphie et d'Auburn qui, ni l'un ni l'autre, ne méritaient d'être proposés à l'Europe comme des modèles à l'imitation desquels elle n'avait plus qu'à se conformer. Le premier, en effet, par les exagérations de l'isolement était la négation de la sociabilité qui est pour l'homme la loi de sa nature, de son éducation et de sa destinée ; et le second présentait des abus dont un seul, celui d'une agglomération excessive, créait un invincible obstacle à l'efficacité d'une discipline pénitentiaire. Mais il y avait à cette époque un engouement pour le système philadelphien qui rappelait celui qu'on avait vu se produire quelques années auparavant pour le système anglais de la transportation en Australie. Le livre *Des peines et des prisons*, n'avait pu complétement échapper à l'engouement de cette époque, où l'on semblait croire, dit M. Almquist, qu'il suffisait de faire entrer un condamné en cellule pour qu'il en sortît corrigé.

Il convient d'entrer brièvement ici dans quelques développements sur l'exécution en Suède de la réforme relative aux prisons départementales et aux maisons centrales.

Les prisons départementales sont affectées, ainsi que je l'ai déjà dit, comme maisons préventives aux détenus avant jugement sous le régime de l'emprisonnement séparé, et comme maisons répressives aux condamnés de un mois à moins de deux ans à l'emprisonnement simple avec ou sans travail pénal. Ces prisons sont cellulaires avec réduction du quart dans la durée des condamnations prononcées ; et le maximum du régime cellulaire est par conséquent de dix-huit mois. La loi française du 5 juin

1875, opérant, il est vrai, sur un an seulement a limité ce maximum à neuf mois. La loi suèdoise n'a-t-elle pas été inconséquente en étendant à dix-huit mois dans les prisons départementales la durée du régime cellulaire, qu'elle limite, comme on va le voir, à un an pour les maisons centrales.

Le nombre des prisons départementales qui ont été construites de 1846 à 1878, pour l'exécution complète du régime cellulaire. est de 44. Elles renferment 2,385 cellules de jour et de nuit pour l'emprisonnement individuel et 97 cellules obscures pour la répression disciplinaire. Ces cellules ont, en général, dix à onze pieds de long, sur sept à huit de large et environ dix de haut, soit 19 à 22 mètres cubes d'air. Chaque cellule est pourvue d'une fenêtre placée à 2^m32 du plancher et ayant une superficie de 45 à 75 décimètres carrés, ce qui ne permet au prisonnier de ne voir que le ciel. La plupart de ces prisons cellulaires possèdent cependent un certain nombre de cellules plus spacieuses, ainsi que des cellules avec de plus grandes fenêtres à l'usage des prisonniers qui ne sont pas condamnés au travail forcé et de ceux qui sont malades.

La peine de l'emprisonnement au travail forcé est à perpétuité ou à temps. L'emprisonnement à temps est de deux mois à dix ans ; mais par suite du cumul d'infractions à la loi pénale, il peut aller jusqu'à douze.

Les maisons centrales sont destinées à recevoir les condamnés au travail forcé soit à perpétuité, soit à temps, à partir de deux ans. Les condamnés à temps doivent subir en cellule de jour et de nuit le sixième de leur condamnation, pourvu que ce sixième ne soit pas au-dessous de six mois ni au-dessus d'un an. Ils sont soumis ensuite au régime du travail en commun de jour avec système cellulaire de nuit.

Le nombre des maisons centrales est de 9 dont 6 pour les hommes et 3 pour les femmes. Les 3 affectées aux femmes sont d'anciens bâtiments où elles sont soumises au régime en commun sans l'introduction de cellules de nuit, et il n'y a pour ces 3 maisons que 46 cellules affectées à la répression disciplinaire. Ces 3 maisons centrales sont celles de Norrmalm, près de Stockholm, ayant une contenance de 250 places disponibles dans les dortoirs en commun, avec 24 cellules de jour et de nuit ; celle de Norrkoping, 200 places en dortoirs en commun et 16 cellules ; celle enfin de Gothembourg, 100 places et 6 cellules, au total 550 places.

Sur les 6 maisons centrales pour les hommes, 2 sont d'anciennes forteresses, savoir :

La forteresse de Varberg, affectée aux condamnés à perpétuité qui sont encore dans l'âge de la force et que l'on occupe à la taille du granit; 300 places dans des dortoirs communs et 32 cellules de jour et de nuit ;

La forteresse de Landskrona, affectée aux condamnés à perpétuité hors d'état de travailler et aux autres détenus les plus âgés, 300 places, 32 cellules.

Les quatre autres sont des constructions récentes.

La plus ancienne, celle de Karlskrona, ouverte en 1867, est, dit M. Almquist, « affectée aux condamnés âgés et aux condamnés incorrigibles, à « l'égard desquels on considère qu'il n'y a plus rien à faire; — maison « avec dortoirs et ateliers en commun, 300 places, 26 cellules. » On a le projet d'ajouter très-prochainement à cette maison une aile cellulaire pour séparer pendant la nuit les prisonniers les plus pervers.

Les trois autres constructions ont été consacrées à l'application du régime nouveau. Ces maisons centrales sont celle de Nya-Varfvet, près de Gothembourg, achevée en 1875, contenant 236 cellules de nuit seulement et 58 pour le jour et la nuit; — celle de Malmo, achevée en 1876, ancienne forteresse reconstruite, 304 cellules de nuit, 137 pour le jour et la nuit; — celle enfin de Langholmen, achevée en 1878, 300 cellules de nuit et 208 pour le jour et la nuit. Ces trois maisons centrales sont affectées, la première aux délits n'entraînant pas la dégradation civique et aux jeunes criminels, les deux autres, sont pour les condamnés à temps dont l'âge ne contrarie pas l'organisation du travail, qui ne me paraît pas avoir atteint en Suède les résultats remarquables qu'offrent les maisons centrales de France, sous le rapport de l'activité et de la variété des industries aussi bien que sous celui de la production.

Ainsi pour ces trois dernières maisons centrales, l'expérience du régime nouveau de date assez récente, puisque leur construction remonte à 1875, 1876 et 1878 ne peut encore donner aucune indication sur le résultats des récidives. Il convient du reste de faire observer que la récidive n'existe en Suède que pour la réitération du même crime, pendant qu'elle comprend en France tous les degrés de la criminalité. C'est là un fait qui prouve, entre tant d'autres, combien il est difficile d'apprécier le mouvement comparé de la récidive entre les divers pays de l'Europe, et d'y subordonner l'appréciation de l'efficacité répressive et pénitentiaire des différents systèmes d'emprisonnement qui les régissent.

Le total des cellules de jour et de nuit est de 2,924, dont pour les prisons départementales 2,385 et pour les maisons centrales 539. Celui des cellules de nuit seulement est pour les maisons centrales de 840.

Le nombre des places disponibles dans les maisons centrales est : dortoirs en commun, 1,450 ; cellules de nuit exclusivement, 840 ; cellules de jour et de nuit, 539. Total : 2,829.

Ce nombre de places disponibles répond et au delà aux exigences de la situation qui n'excèdent guère le nombre de 2,000 détenus à plus de deux ans de travail forcé.

M. Almquist fait remarquer qu'en construisant les maisons centrales nouvelles, on s'est conformé à l'opinion exprimée au Congrès de Londres qu'une maison centrale ne devait pas dépasser le maximum de 500. On ne saurait trop en féliciter l'habile administration de ce directeur général et conseiller aux administrations pénitentiaires d'imiter l'exemple que leur donne la Suède par son respect pour un principe si nécessaire et malheureusement si méconnu dans là plupart des autres pays de l'Europe. J'avais demandé au Congrés de Londres la limite de 400, mais l'essentiel était d'obtenir la consécration du principe d'un maximum, et je ne critiquerai pas comme inacceptable celui de 500.

Au résumé, le plan de réforme conçu par la Suéde dans les prisons départementales affectées aux détenus avant jugement et aux petits délinquants, c'est-à-dire à ce que j'ai appelé et à ce qu'on appelle généralement aujourd'hui l'emprisonnement préventif et l'emprisonnement répressif, a reçu son exécution générale dans les constructions qui y ont été destinées. Mais en dehors des prisons départementales se produit d'abord cette regrettable lacune d'établissements spécialement consacrés aux jeunes détenus. Puis en ce qui concerne les condamnés des deux sexes, la réforme ne s'étend pas aux maisons centrales de femmes, pour lesquelles rien n'a été changé dans les anciens bâtiments qui les renferment.

En ce qui concerne les maisons centrales affectées aux hommes, on a cru pouvoir se dispenser des dépenses de constructions et appropriations exigées par le régime nouveau à l'égard soit des condamnés à perpétuité, soit de ceux que l'on considérait comme incorrigibles, soit de ceux encore qui en raison de leur âge avancé paraissaient désormais de non-valeur pour l'organisation du travail. C'est ainsi que trois maisons centrales seulement de construction nouvelle ont reçu l'application du régime cellulaire de jour et de nuit pour le temps de six mois au moins et d'un an au plus, que doivent subir les condamnés au travail forcé à plus de deux ans, et au régime cellulaire de nuit seulement avec travail en commun, auquel ces condamnés doivent être soumis pour le restant de leur peine.

La Suède dans l'exécution de son plan de réforme relatif aux maisons centrales, présente donc bien des lacunes qu'elle n'a pas assurément renoncé à remplir. L'imitation de l'exemple donné par la France et la Belgique, pour l'éducation pénitentiaire et le patronage des jeunes détenus, s'impose à son gouvernement éclairé, qui ne peut entièrement abandonner à cet égard à l'initiative privée l'accomplissement d'un devoir qui lui incombe comme représentant de l'ordre social et garant responsable de la sécurité publique, en introduisant en Suède la coexistence des établissements publics et privés pour les jeunes détenus.

Ce gouvernement éclairé ne veut pas aussi sans doute négliger le régime répressif et pénitentiaire applicable aux maisons centrales de femmes qui, en France et en Belgique, ont été l'objet d'une sollicitude méritoire et qui n'a pas été stérile.

Il est évident que la Suède n'entend pas s'en tenir, à l'égard des condamnés à perpétuité, à la garantie matérielle des verrous, en s'exonérant d'y faire pénétrer la discipline pénitentiaire et avec elle l'espérance de la commutation que la clémence royale peut accorder aux garanties sérieuses d'un repentir sincère et d'une régénération persévérante. Mais je conçois toutefois que ne pouvant tout entreprendre à la fois, le gouvernement Suédois ait pensé avec raison que la réforme des maisons centrales destinées aux condamnés à l'emprisonnement temporaire devait être l'objet de ses premières préoccupations, parce qu'il s'agissait de prévenir le danger de la récidive.

V

L'organisation de la direction générale des prisons en Suède. — Il faut louer M. Almquist d'avoir appelé, pour l'honneur de son pays, après la clôture du Congrès pénitentitaire international de Stockholm l'attention de l'Europe sur le fait si remarquable et insuffisamment remarqué de la place considérable que les deux réformes du droit criminel et des prisons occupaient dans le mouvement progressif de la civilisation de la Suède. La Suède a donné, en effet, à cet égard l'exemple d'un esprit d'ensemble et de suite dans l'étude du plan général et combiné de ces deux réformes qui est un utile précédent; mais toutefois, comme on vient de le voir, elle n'a pas montré pour les maisons centrales l'ensemble qu'elle avait apporté dans l'exécution pour les prisons départementales.

C'est de cet esprit d'ensemble et de suite que la réforme en France s'est montrée le plus dépourvue, non-seulement dans l'exécution, mais dans la conception même du plan à suivre. Aussi subit-elle aujourd'hui les funestes conséquences que l'imprévoyance (1) du passé à léguées au présent et à l'avenir. Tandis que la Suède a pu si promptement réaliser l'application de l'emprisonnement individuel dans ses prisons départementales, la France pour introduire aussi dans ses prisons départementales le même régime édicté par la loi du 5 juin 1875, lutte contre les difficultés que son exécution rencontre dans l'appropriation des bâtiments précédemment construits sans esprit de suite et de tradition.

En ce qui concerne ses maisons centrales, elle est condamnée à se trouver aux prises avec les mêmes difficultés, parce que ces maisons centrales se sont élevées successivement sans programme généralement conçu et suivi. Et cependant la direction de l'administration des prisons en France a été confiée à des hommes éclairés, habiles et dévoués, et ce n'est pas aux hommes qu'il faut s'en prendre, mais à l'institution même de la direction qui, comme je le signalais dans mes pétitions aux deux Chambres de 1828 à 1830 (2), manque des conditions d'autorité, de stabilité et d'unité, sans lesquelles il est impossible, à l'administration pénitentiaire de concevoir, de suivre et d'exécuter aucun plan d'ensemble.

Si la centralisation en France a eu ses excès, elle a eu aussi ses lacunes, et le point auquel elle a omis de se produire et de s'organiser est précisément celui où le principe de l'égalité de l'exécution de la loi pénale réclamait essentiellement son organisation. J'avais mis dès 1828 le doigt sur la plaie en montrant les funestes conséquences qu'entraînait en France la diversité des attributions des prisons départementales à l'autorité du préfet, des maisons centrales à l'autorité du ministre de l'intérieur, et des bagnes à celle du ministre de la marine. Il en résultait non-seulement qu'il n'y avait aucun plan d'ensemble même dans le régime matériel de ces établissements, mais que la graduation de ce régime matériel se produisait au contraire en sens inverse de l'échelle pénale ; de telle sorte que bien des condamnés renfermés dans le chemin de ronde des maisons centrales préféraient le séjour du bagne de Toulon, avec ses

(1) On ne saurait nous imputer la complicité de cette imprévoyance, que nous avons signalée si souvent dans nos rapports administratifs et dans nos écrits.

(2) Voir ces pétitions imprimées en tête des deux volumes du *Système pénitentiaire en Europe et aux États-Unis,* publiés en 1828 et 1830.

travaux extérieurs à l'air libre et sous le beau ciel de cette contrée. Quant aux condamnés correctionnels des prisons départementales, plusieurs regrettaient leur condamnation à moins d'un an qui les privait du transfèrement aux maisons centrales, où ils étaient assurés de trouver une meilleure alimentation, un meilleur vêtement et l'organisation du travail et du pécule qui s'y rencontrait.

Cet état de chose s'est sensiblement amélioré pour les prisons départementales, du jour où l'administration de leur régime a été centralisé sous l'autorité du ministre de l'intérieur ; mais cette centralisation n'a pu encore s'étendre aux dépenses des bâtiments, et c'est là, comme je l'ai déjà dit, l'obstacle qui paralyse l'exécution de la loi du 5 juin 1875.

Ce n'est pas ainsi que les choses se passent en Suède. M. Almquist explique l'organisation de la direction générale confiée à ses mains habiles et dévouées. La direction générale des prisons forme une institution distincte dont les attributions sont déterminées par la loi elle-même. Elle a son budget, qu'elle défend devant les Chambres. « Elle n'obéit, dit-il, à « d'autres instructions que celles résultant de résolutions prises par le « roi en Conseil, sur le rapport du ministre de la justice et les autres ministres entendus. »

VI

Mouvement progressif de la théorie de l'emprisonnement. — C'est avec un légitime orgueil que le souverain de la Suède a dû voir le choix de Stockholm pour le premier congrès pénitentiaire qui devait suivre celui de Londres. C'était un hommage bien mérité que la réforme pénitentiaire rendait à sa dynastie et à son pays. La Suède s'est placée, en effet, sous le rapport de la réforme du droit criminel et de celle des prisons au premier rang de la civilisation européenne, pour laquelle elle est sur plusieurs points un utile précédent à consulter et parfois même à imiter.

Mais la réforme des prisons ne doit pas se dissimuler qu'elle n'est encore qu'à son début dans l'ordre théorique et pratique. Elle me semble appelée à devenir une science morale, mais elle n'est encore à cet égard qu'en voie de formation.

C'est déjà toutefois un assez notable progrès acquis à la théorie de l'emprisonnement que l'adoption d'un cadre précis qui le divise, comme je l'ai déjà dit, en trois degrés généralement admis sous la désignation d'emprisonnement préventif, d'emprisonnement répressif, et d'emprisonnement répressif et pénitentiaire.

Pour l'emprisonnement préventif où il s'agit d'empêcher l'évasion des prévenus et accusés qui doivent comparaître devant la justice et pour l'emprisonnement répressif appelé à châtier les petits délinquants pour prévenir la récidive par l'efficacité de l'intimidation, la solution du problème est assez avancée.

Mais il n'en est pas ainsi quand on arrive à l'emprisonnement répressif et pénitentiaire, à cette orthopédie morale qui doit redresser chez le malfaiteur les penchants d'une perversité prolongée et les antécédents d'une éducation malsaine. Ici on doit dire, et il faut s'attendre à le dire longtemps encore:

Grammatici certant et adhuc sub judice lis est!

car cette orthopédie morale a beaucoup à demander aux persévérantes études de la théorie, aux patientes recherches de l'observation et aux lumières de l'expérience.

Toutefois, en face des graves dissentiments que soulève ici le régime de la vie et du travail en commun de la part de ceux qui, convaincus que toute réunion de détenus engendre nécessairement leur corruption mutuelle, regardent ce régime comme incompatible avec l'éducation pénitentiaire, il y a une distinction à faire entre les établissements spéciaux consacrés aux jeunes détenus et ceux affectés aux détenus adultes.

Les premiers, organisés sous le régime de la vie et du travail en commun, tout en laissant encore des *desiderata*, ont produit de remarquables résultats en plusieurs pays, et notamment en France et en Belgique; et la citation seule de la colonie de Mettray, à laquelle on a si souvent à l'étranger emprunté son nom et son organisation, indique assez qu'on ne peut douter de l'efficacité d'une intelligente application aux jeunes détenus du régime de la vie et du travail en commun. L'objection de l'incompatibilité du régime de la vie en commum avec l'éducation pénitentiaire, doit donc tomber devant les résultats du précédent acquis aux établissements de jeunes détenus, et qui doit avoir en fait l'autorité de la chose jugée.

Voilà pour le point de vue pratique. Quant au point de vue théorique, persévérer dans l'objection en face du précédent relatif aux jeunes détenus, c'est commettre une véritable pétition de principe. Un principe corrupteur doit logiquement et rationnellement porter dans tous les cas la conséquence de son application et ne peut aboutir à la fois à corriger les jeunes détenus et à pervertir les détenus adultes. Si cet état de choses est réel en fait, ce n'est pas aux principes qu'il faut s'en prendre, mais à son application qui a manqué dans un cas de l'intelligence pratique qu'on avait apportée dans l'autre. Ce raisonnement est tellement péremptoire, que je pourrais m'y tenir. Mais je consens à suivre l'objection sur le terrain où elle se retranche, celui de la catégorie des détenus adultes condamnés à long terme.

Il est vrai qu'une imprévoyante et inintelligente discipline a trop souvent laissé la réunion ou pour mieux dire l'agglomération excessive des détenus adultes condamnés à long terme engendrer les déplorables traditions de la corruption mutuelle ; mais il ne faut pas ériger ce fait si blâmable et si regrettable en principe absolu.

VII

Considérations finales. — Le problème de l'éducation répressive et pénitentiaire me semblerait plutôt s'éloigner que se rapprocher de sa solution s'il la demandait au régime cellulaire, et je crois devoir, en terminant, présenter quelques considérations à cet égard qui ne sont pas sans opportunité.

J'ai dit, en effet, dans une circonstance récente : la réforme des prisons dans son application à l'emprisonnement répressif et pénitentiaire relatif aux condamnés à long terme se fera par le régime de la vie et du travail en commun ou elle ne se fera pas. Je tiens à saisir l'occasion de donner quelques explications qu'ont le droit d'attendre et d'exiger ceux qui n'ont pu voir dans cette déclaration qu'une assertion téméraire et auxquels je dois une affirmation bien motivée.

On veut exclure le régime de la vie et du travail en commun, parce qu'on ne voit que les inconvénients que ce régime présente, sans aller au fond des choses pour y chercher et y découvrir les ressources qu'il peut offrir à une discipline répressive et pénitentiaire. On n'aperçoit que l'obstacle sans scruter le moyen. Je me suis déjà expliqué à cet égard dans une lettre du 15 octobre 1877, adressée à mon savant confrère M. Faustin-Hélie (1). J'y disais que ceux qui croyaient à l'incompatibilité de la vie en commun avec un régime pénitentiaire pour les condamnés à long terme, n'avaient pas suffisamment réfléchi que partout où il y a réunion d'individus, il se produit un esprit de corps. C'est à une discipline intel-

(1) Lettre insérée dans le bulletin n° 2 de la société générale des prisons.

ligente à ne pas laisser cet esprit de corps naître et se développer de lui-
même, mais à savoir prendre les devants, en s'attachant avec le plus
grand soin à le former et à le diriger. La discipline qui sait créer l'esprit
de corps de la réunion d'individus qu'elle est chargée de diriger y trouve
sa force. Mais si elle ne sait pas s'approprier cet esprit de corps, du moment où elle ne l'a pas pour elle, elle l'a contre elle ; et c'est là son
plus grand obstacle et la cause principale de ses embarras et de ses
échecs. On s'en prend alors au régime de la vie et du travail en commun,
parce qu'on a laissé engendrer tous ces inconvénients sans s'efforcer de
les neutraliser par l'intelligent emploi des ressources qu'il peut offrir à
cet égard ; et pour aller de l'effet à la cause, on remonte jusqu'à la
loi de la sociabilité dont on décrète l'abrogation dans l'éducation répressive et pénitentiaire. Que ne remonte-t-on plus haut encore, c'est-à-dire
jusqu'à la liberté humaine ! Du moment où elle est la faculté de faire le
mal comme le bien, il serait plus logique de supprimer en elle la faculté
de mal faire et de nous ramener, suivant l'expression de M. Royer-Col-
lard, à l'*heureuse innocence des brutes*.

Il y a sans doute dans l'emprisonnement temporaire une liberté dont
l'homme est privé, c'est sa liberté physique. Mais quant à sa liberté morale, cette faculté de faire le bien ou le mal, qui est la condition de sa
moralité, loin que le système pénitentiaire ait à la supprimer, c'est pour
lui la clef de la voûte. C'est elle qu'il faut éclairer, enseigner et aguerrir,
afin de donner au coupable la force, à son retour à la vie sociale, de
résister aux mauvais conseils et aux mauvais exemples qui y sont inévi-
tables et auxquels il a succombé. Mais comment le façonner à la résis-
tance si l'on s'évertue à éloigner de lui la difficulté et la lutte ?

Pour relever le coupable vers le bien et l'y affermir, il ne suffit pas de
l'entourer de bons conseils, il faut le mettre aux prises avec les difficultés de la vie sociale, à laquelle il doit retourner ; il ne faut pas s'ingénier
à écarter de lui toute liberté d'option entre le bien et le mal et lui enlever
ainsi la condition de l'apprentissage et de l'épreuve nécessaire à sa moralité. Le but de la discipline pénitentiaire n'est-il pas un but répressif et
rémunératoire qui punit le mal et encourage le bien ; mais elle n'a plus
même sa raison d'être dans un régime cellulaire qui ne laisse plus au
détenu aucune occasion de faire l'un ou l'autre.

C'est ainsi qu'au lieu de considérer la vie en commun comme l'insur-
montable obstacle de l'éducation pénitentiaire, on doit y voir la condition essentielle de son orthopédie morale. Ce qu'il faut supprimer ce

sont les abus de la vie et du travail en commun dont une discipline imprévoyante a laissé depuis longtemps engendrer les traditions dangereuses
et corruptrices. Mais ce qu'il faut organiser, c'est la discipline intelligente et réformatrice qui puise sa force dans l'esprit de corps qu'elle a su
créer au sein de la réunion qu'elle dirige, pour lui servir d'appui.

Puisque je suis entré dans l'examen comparé, en ce qui concerne l'éducation répressive et pénitentiaire du régime de la vie en commun et du
régime cellulaire, je ne crois pas devoir m'en tenir à la preuve que le
premier en est une condition essentielle, je veux fournir de plus la con-
tre-preuve et démontrer que c'est du côté du régime cellulaire que se
rencontrerait l'incompatibilité absolue de servir de principe fondamental à cette éducation répressive et pénitentiaire. Je ne reviendrai pas toutefois ici sur les développements que contient à cet égard mon ouvrage
sur la théorie de l'emprisonnement et me bornerai à rappeler trois raisons
qui au point de vue théorique me semblent décisives.

L'une, c'est que lorsqu'il s'agit de faire ou de refaire sous un titre
quelconque l'éducation de l'homme, c'est dans la conformité à la loi de sa
nature qui est celle de la sociabilité, qu'il faut rechercher et trouver son
point d'appui. Or, le régime cellulaire, au lieu d'utiliser cet appui, le
supprime.

L'autre se rattache au but du problème de l'éducation répressive et
pénitentiaire, qui ne peut se produire que pour les détenus à long terme,
parce que cette éducation réformatrice est appelée à déraciner les habitudes vicieuses pour les remplacer par des habitudes morales, et qu'ainsi
les séjours prolongés peuvent seuls lui permettre d'entreprendre son
œuvre, qui ne saurait s'accomplir sans le secours et l'action du temps.

Or, tandis que le régime de la vie en commun, qui respecte la loi de la
sociabilité, n'est pas gêné par le principe de la durée, le régime cellulaire
au contraire, qui viole cette loi, ne peut d'abord étendre cette violation
jusqu'à aborder en thèse générale l'emprisonnement à perpétuité. Puis à
l'égard de l'emprisonnement temporaire, ce système en face des écueils
qu'il rencontre et des périls que son application redoute, hésite, tâtonne,
place et déplace sans cesse la limite qu'il croit ou ne croit pas pouvoir
impunément franchir (1), ne sachant jusqu'à quel point il peut réagir

(1) D'après ma communication à l'Académie du 26 mai 1877, le maximum
de la durée cellulaire est de quatre ans en Norvége, trois ans et demi en
Danemark, trois ans en Allemagne et en Autriche, deux ans en Hollande,

contre la loi de la sociabilité humaine, sans s'exposer, comme on l'a dit, pour éclairer la conscience, à tuer la raison.

Un troisième motif enfin de l'incompatibilité du régime cellulaire comme principe fondamental de l'éducation répressive et pénitentiaire, c'est qu'en aspirant à supprimer la possibilité de faillir, il ôte, comme je l'ai dit, son efficacité et jusqu'à sa raison d'être à cette discipline qui n'a plus à punir le mal, ni à encourager le bien. Ce système non-seulement ne peut ainsi opérer l'amendement, mais il ne peut même permettre de le constater, et il interdit ainsi la libération conditionnelle qui suppose l'épreuve d'un régime qui mette à même de juger de l'amendement du prisonnier. Or, de l'aveu exprimé au Congrès pénitentiaire de Stockholm et parfaitement motivé par un représentant éminent et officiel du régime cellulaire, M. Berden, administrateur général des prisons de Belgique, la cellule est impuissante à fournir la preuve de l'amendement qui peut autoriser la libération conditionnelle. Un autre organe officiel de la réforme qui jouit d'une considération si bien méritée par sa science et son expérience pratique, M. Beltrani-Scalia, directeur général des prisons d'Italie, partage entièrement notre opinion qu'il n'est pas possible à la cellule de permettre d'opérer et de constater la régénération du cellulé. Aussi n'a-t-il pas hésité dans le plan de réforme qu'il propose à son pays, et qu'il développe dans son récent et remarquable ouvrage sur la réforme des prisons en Italie à exclure, comme en Suède, l'application aux condamnés à long terme du régime cellulaire, dont il limite la durée à un an.

Telles sont les raisons décisives qui, au point de vue théorique, ne permettent pas au régime cellulaire de servir de base à l'emprisonnement répressif et pénitentiaire affecté aux condamnés à long terme.

Quant au point de vue pratique, je puis citer les trois considérations suivantes qui ne sont pas moins décisives.

La première concerne l'organisation du travail avec la variété des industries et des apprentissages qu'il réclame pour répondre aux antécédents des détenus, pour utiliser leurs aptitudes, pour concilier l'intérêt du travail libre avec celui des prisons et pour ouvrir enfin à l'époque de la libération un horizon suffisant à la répartition de la demande du tra-

dix-huit mois en Suède, un an en Suisse, neuf mois en Angleterre et en France. Le réglement de la prison de Louvain en Belgique autorise son application jusqu'à dix ans. Mais les résultats du régime cellulaire dans cette maison ont donné lieu à des appréciations fort contradictoires.

vail par les libérés dans les divers ateliers de l'industrie et de l'agriculture. Le nombre si restreint des industries qui peuvent s'exercer en cellule, rend le travail cellulaire impossible pour donner aux exigences précitées de son organisation une sérieuse et légitime satisfaction. Imagine-t-on ce que deviendraient en France, par suite du régime cellulaire, les milliers de libérés cordonniers ou tailleurs qui sortiraient chaque année des maisons centrales? N'y aurait-il pas un singulier et choquant anachronisme, aujourd'hui que l'insuffisance même de l'emploi des bras par le travail en commun, nécessite le recours à celui des machines pour le progrès de la fabrication industrielle, à rétrograder jusqu'à réduire le travail des prisons à la faiblesse individuelle de l'isolement.

La seconde considération, c'est que tandis que d'un côté l'introduction du régime cellulaire dans les maisons centrales priverait en grande parpartie le Trésor des sommes provenant de la main-d'œuvre des détenus, et qui viennent en soulager la dépense, d'un autre côté, les frais de construction et d'appropriation des bâtiments entraîneraient pour l'État d'énormes sacrifices. Il ne faudrait pas prendre, en effet, les dépenses de construction et appropriation des prisons départementales affectées à l'emprisonnement individuel pour terme de comparaison de celles qu'exigerait l'extension du régime cellulaire aux maisons centrales. Autre chose, est d'organiser la vie cellulaire pour une durée de neuf mois ou pour une série de plusieurs années. Autre chose, est d'organiser le travail dans deux sortes d'établissements si différents. L'application du régime cellulaire aux maisons centrales soulèverait une foule de complications qui ne se produisent pas à l'égard des prisons départementales.

Il ne faudrait pas aussi évaluer les dépenses en France d'après un chiffre emprunté à tel ou tel autre pays ; car le prix des matériaux et de la main-d'œuvre varie beaucoup entre les différents pays de l'Europe et il est, par exemple, beaucoup plus élevé en France qu'en Suède.

La troisième et dernière considération dont j'aie à parler est relative au moyen que l'on propose pour remédier au grave reproche adressé au système cellulaire de supprimer la sociabilité, qui étant la loi de la nature de l'homme devait être la base de l'éducation répressive et pénitentiaire. Ce moyen serait, dit-on, de procurer au détenu cellulé les précieuses et salutaires relations d'hommes éclairés et dévoués, qui dans leurs visites journalières s'attacheraient à leur inspirer de bonnes résolutions et à les y affermir. Cette combinaison a un tort qui dispense d'entrer dans l'examen de quelques autres, c'est d'être irréalisable. Comment croire, en effêt, que dans une société aussi affairée que la nôtre, où le prix du temps oblige le père de famille à demander au pensionnat l'exonération d'une partie de ses devoirs pour l'éducation de ses enfants, on rencontrera pour les besoins éducatifs du régime cellulaire, cette légion de coopérateurs qu'exigeraient les milliers de détenus que renferment les maisons centrales, sans parler des difficultés de l'éloignement, de l'isolement même pour plusieurs d'entre elles. Je sais à quoi m'en tenir à cet égard, moi qui pendant plus de trente ans de ma vie, traversant dans mes inspections générales tous les départements et arrondissements de France, pour y généraliser la modeste institution d'une simple commission de surveillance pour les prisons départementales, n'ai jamais pu réussir.

Et d'ailleurs, faut-il encore le répéter, l'éducation répressive et pénitentiaire ne peut consister dans un dialogue entre des détenus cellulés et les membres d'une société éclairée et choisie. Ce n'est pas là le milieu qu'ils rencontreront dans la vie sociale où ils doivent retourner. Ce n'est pas non plus celui où peuvent se redresser les mauvais penchants et se réformer les habitudes vicieuses. Il faut pour cela les épreuves prolongées de la vie en commun, non toutefois telles qu'elles se rencontrent dans ces réunions de détenus auxquels une discipline insouciante ne demande que l'ordre matériel.

Gall et Spurzhem éclairés par leurs études physiologiques, ont constaté que les organisations prédominantes, soit pour le bien, soit pour le mal, n'étaient pas fréquentes dans l'humanité, dont la masse agissait sous l'impulsion des influences, des directions et des circonstances qui l'entouraient comme aussi sous l'empire de l'exemple et de son imitation contagieuse. Cette loi qui régit toute réunion d'hommes en général est aussi celle qui se reproduit dans la réunion des détenus en particulier, et de là cette partie de notre théorie de l'emprisonnement consacrée à ce que nous avons appelé le triage des moralités pour épurer la réunion dans la vie en commun.

Dans une prison affectée à des condamnés à long terme, la réunion des détenus, dont les condamnations tiennent à des origines et à des circonstances si différentes, présentent des nuances de moralités bien diverses et souvent même bien tranchées. Pour épurer la réunion il faut d'abord détenir dans un quartier d'exception ceux qui par leurs antécédents et leur perversité notoire, peuvent être des éléments dangereux, sans abandonner toutefois à leur égard l'espérance de les ramener à des sentiments meilleurs. Il faut ensuite soumettre cette réunion épurée à une classification répressive et rémunératoire qui, s'inspirant des deux mobiles de la crainte et de l'espérance, répartit ces détenus en groupes gradués d'après le stimulant et le résultat de leur amélioration progressive, de telle sorte que l'esprit de corps s'imprègne de l'esprit de l'amendement collectif et individuel, qui est celui de la discipline.

Je ne puis entrer ici dans les développements nécessaires aux procédés à suivre afin d'arriver à cet esprit de corps qui pour s'établir demande de la persévérance et du temps, mais qui une fois obtenu devient un si puissant levier pour l'éducation répressive et pénitentiaire. La discipline trouve à cet égard des auxiliaires à utiliser parmi certaines catégories de détenus et notamment parmi ceux condamnés pour coups, blessures et homicide même sans vol, ni préméditations, qui sont les plus énergiques et les moins vicieux.

On ne saurait conclure de ce qui précède que je sois un ennemi du régime cellulaire, dont je crois être au contraire un sincère et prudent ami. Un homme qui est en Europe l'un des représentants les plus accrédités de ce régime, mais que je ne suis point autorisé à nommer, résumait ainsi son opinion à cet égard dans une lettre qu'il m'adressait il y a quelque temps : *Sunt bona, sunt mala, sunt pessima.* Je puis dire que cette opinion est celle que je partage. Je n'ai jamais pu assurément me laisser aller aux illusions de ceux qui rêvaient dans le régime cellulaire la panacée universelle applicable aux détenus de tout âge, de tout sexe et à tous les établissements de détention.

Comme toutes les institutions humaines ne peuvent avoir un mérite absolu mais seulement relatif, déterminé par les inconvénients à y éviter et les avantages à en recueillir, j'ai cru que le meilleur moyen de comprendre et de servir la cause du régime cellulaire, était d'écarter les exagérations de l'engouement pour demander aux indications de l'examen critique et de l'observation pratique les *sunt bona, sunt mala, sunt pessima.*

Je crois avoir fait une assez large part aux *sunt bona* en attribuant à l'utilité relative du régime cellulaire l'emprisonnement des détenus avant jugement et celui des petits délinquants ; le transfèrement des détenus passagers et enfin la répression des infractions à la discipline dans tous les établissements ;

J'ai indiqué les *sunt mala* dans les tendances à trop prolonger la durée du régime cellulaire appliqué aux petits délinquants ;

Enfin j'ai signalé et motivé les *sunt pessima,* comme on vient de le voir, par l'incompatibilité du régime cellulaire avec celui de l'emprisonnement du troisième degré, de celui qui concerne les condamnés à long terme, et qui est appelé à poursuivre à leur égard l'œuvre réformatrice de l'éducation répressive et pénitentiaire.

CONCLUSION

Je ne m'étendrai pas davantage sur ce sujet qui d'ailleurs est **trop important** pour en parler incidemmemt, et que je n'aurais même pas abordé **si** je n'avais conservé de la lecture attentive du remarquable livre de M. Almquist, l'impression qu'il inclinait vers l'ordre d'idées que je viens de développer. La cellule n'a pas à ses yeux une vertu éducative et réformatrice, parce qu'elle écarte la possibilité de bien faire en même temps que celle de mal faire. Le régime cellulaire ne peut constituer à ses yeux un système rationnel d'éducation pénitentiaire et la discipline réformatrice doit chercher dans un ensemble de combinaisons moralisatrices le contre-poids nécessaire à la mauvaise influence des relations de la vie commune. On ne saurait trop encourager M. Almquist à diriger en ce sens ses études et ses observations pratiques. Avec le mérite qui lui est propre, l'autorité dont il est investi et le laboratoire d'expérimentation dont il dispose, il est dans une situation exceptionnelle qui lui permet de répandre beaucoup de lumière pour éclairer et avancer la solution du grand problème théorique et pratique de l'éducation répressive et pénitentiaire des condamnés à long terme. Ce serait un service signalé qui viendrait s'ajouter à tous ceux qu'il a déjà rendus à la réforme des prisons, et qui lui ferait un grand honneur ainsi qu'à son pays.

Je regrette de ne pouvoir parler des autres progrès sociaux de la Suède, qui feraient mieux apprécier encore l'utile et noble emploi que cette généreuse nation a fait du bienfait de la paix dont elle a joui pendant les soixante-cinq dernières années. Puisse la Providence libéralement prolonger cet ère pacifique et permettre à la Suède de continuer la politique que j'appelle la politique civilisatrice, celle qui dirige sa marche, que ne viennent ensanglanter ni la pénalité, ni la guerre, vers ces institutions salutaires, appelées à réaliser, sans violence comme sans témérité, le mouvement progressif du perfectionnement moral de l'humanité!

(*Extrait du Compte-rendu de l'Académie des sciences morales et politiques.*)

Orléans. — Imp. Ernest Colas